人事人才政策法规专辑

事业单位工作人员奖励规定
事业单位工作人员处分暂行规定
事业单位公开招聘违纪违规行为处理规定

中国人力资源和社会保障出版集团

中国劳动社会保障出版社　中国人事出版社

图书在版编目（CIP）数据

事业单位工作人员奖励规定　事业单位工作人员处分暂行规定　事业单位公开招聘违纪违规行为处理规定/人事人才政策法规专辑编委会编. -- 北京：中国劳动社会保障出版社：中国人事出版社，2022

（人事人才政策法规专辑）
ISBN 978-7-5167-5568-6

Ⅰ.①事… Ⅱ.①人… Ⅲ.①行政事业单位-工作人员-奖励制度-条例-中国②行政事业单位-工作人员-处罚-条例-中国③行政事业单位-招聘-违纪-处罚-条例-中国　Ⅳ.①D630.3

中国版本图书馆 CIP 数据核字（2022）第 170102 号

中国劳动社会保障出版社
中国人事出版社 出版发行

（北京市惠新东街 1 号　邮政编码：100029）

*

北京市科星印刷有限责任公司印刷装订　新华书店经销
880 毫米×1230 毫米　32 开本　1 印张　21 千字
2022 年 11 月第 1 版　2024 年 1 月第 2 次印刷
定价：6.00 元

营销中心电话：400-606-6496
出版社网址：http://www.class.com.cn

版权专有　　侵权必究

如有印装差错，请与本社联系调换：（010）81211666
我社将与版权执法机关配合，大力打击盗印、销售和使用盗版图书活动，敬请广大读者协助举报，经查实将给予举报者奖励。
举报电话：（010）64954652

目 录

事业单位工作人员奖励规定

(2018年12月18日 人社部规〔2018〕4号) ……………………………………………………（1）

事业单位工作人员处分暂行规定

(2012年8月22日 人力资源社会保障部、监察部令第18号) ………………………………（9）

事业单位公开招聘违纪违规行为处理规定

(2017年10月9日 人力资源社会保障部令第35号) ………………………………………（23）

事业单位工作人员奖励规定

(2018年12月18日中共中央组织部、
人力资源社会保障部印发 人社部规〔2018〕4号)

第一章 总 则

第一条 为深入贯彻习近平新时代中国特色社会主义思想和党的十九大精神,贯彻落实新时代党的组织路线,建立导向鲜明、科学规范、有效管用的事业单位工作人员奖励制度,激励广大事业单位工作人员担当作为、干事创业,根据《事业单位人事管理条例》等法律法规,制定本规定。

第二条 事业单位工作人员、事业单位工作人员集体(以下简称事业单位工作人员和集体)在完成本职工作和履行社会责任中表现突出、有显著成绩和贡献的,依据本规定给予奖励。

依据有关法律法规和政策对事业单位工作人员和集体开展的其他奖励按照有关规定执行。

事业单位工作人员集体是指事业单位法人组织、内设机构、派出机构或者为完成专项任务组成的工作团队。

第三条 事业单位工作人员奖励工作,应当服务经济社会发展,符合事业单位特点,体现时代性、导向性、实效性,丰富奖励形式,发挥奖励的正向激励作用。主要遵循以下原则:

(一)坚持党管干部、党管人才;

（二）坚持德才兼备、以德为先；

（三）坚持事业为上、突出业绩贡献；

（四）坚持公开公平公正、严格标准程序；

（五）坚持精神奖励与物质奖励相结合、以精神奖励为主；

（六）坚持定期奖励与及时奖励相结合、以定期奖励为主。

第四条　事业单位人事综合管理部门，事业单位、主管机关（部门）和有关行业主管部门的党委（党组）及其组织（人事）部门，根据本规定，分级分类负责奖励工作的组织实施。

第二章　奖励的条件和种类

第五条　事业单位工作人员和集体必须坚持和加强党的全面领导，坚决维护习近平总书记的核心地位，坚决维护党中央权威和集中统一领导。有下列情形之一的，可以给予奖励：

（一）在贯彻执行党的理论和路线方针政策，加强事业单位党建工作，履行公共服务的政治责任等方面，表现突出、成绩显著的；

（二）在执行党和国家重大战略部署、重要任务、承担重要专项工作、维护公共利益、防止或者消除重大事故、抢险救灾减灾等方面，表现突出、成绩显著的；

（三）热爱公共服务事业，在推进教育、科技、文化、医疗卫生、体育、农业等领域改革发展方面，表现突出、成绩显著的；

（四）长期服务基层，在为民服务、爱岗敬业、担当奉献等方面，表现突出、成绩显著的；

（五）工作中有发明创造、技术创新、成果转化等，经济效益或者社会效益显著的；

（六）在维护国家安全和社会稳定、增进民族团结、同违纪违法行为作斗争等方面，有突出事迹和功绩的；

（七）在对外交流与合作、重大赛事和活动中为国家争得荣誉和利益，表现突出、成绩显著的；

（八）有其他突出成绩和贡献需要给予奖励的。

第六条 对事业单位工作人员和集体可以嘉奖、记功、记大功、授予称号。

（一）对表现突出、作出较大贡献，在本单位发挥模范带头作用的，给予嘉奖；

（二）对取得突破性成就、作出重大贡献，在本地区本行业本领域产生较大影响的，记功；

（三）对取得重大突破性成就、作出杰出贡献，在本地区本行业本领域产生重大影响的，记大功；

（四）对功绩卓著的，授予称号。

授予称号以及荣誉称号，按照《中国共产党党内功勋荣誉表彰条例》《国家功勋荣誉表彰条例》等有关规定执行。

第三章 奖励的权限

第七条 给予党中央、国务院直属事业单位工作人员和集体的嘉奖、记功、记大功，由本单位按照干部人事管理权限作出。

给予中央各部门所属事业单位工作人员和集体的嘉奖、记功、记大功，由本单位或者主管部门按照干部人事管理权限作出。

其中，记大功奖励方案，应当事先征得中央事业单位人事综合管理部门同意，并在作出记大功奖励决定后1个月内备案。

第八条 给予省（自治区、直辖市）级以下事业单位工作人员和集体奖励，按照下列权限进行：

（一）嘉奖。省（自治区、直辖市）级、市（地、州、盟）级事业单位由本单位或者主管机关（部门）按照干部人事管理权限作出，县（市、区、旗）级以下事业单位报县（市、区、旗）级事业单位人事综合管理部门批准并作出。

（二）记功。省（自治区、直辖市）级事业单位由本单位或者主管机关（部门）按照干部人事管理权限作出，市（地、州、盟）级以下事业单位报市（地、州、盟）级事业单位人事综合管理部门批准并作出。

（三）记大功。报省（自治区、直辖市）级事业单位人事综合管理部门批准并作出。

上述由事业单位或者主管机关（部门）作出的奖励决定，应当在1个月内向同级事业单位人事综合管理部门备案。

第九条 省（自治区、直辖市）级以上事业单位人事综合管理部门可以会同相关行业主管部门开展奖励。市（地、州、盟）级以上事业单位人事综合管理部门可以跨层级对下级事业单位工作人员和集体作出嘉奖、记功奖励决定。

第四章 定期奖励

第十条 根据工作需要和队伍建设实际开展定期奖励，一般以年度或者聘（任）期为周期，以年度考核、聘（任）期考核结果为主要依据。奖励具体时间由奖励决定单位根据行业实际、工作特点等确定，可以结合年度考核、聘（任）期考核等工作进行。

第十一条 定期奖励的比例（名额），由奖励决定单位结合事业单位数量、人员规模、职责任务、工作绩效等因素统筹确定。给予工作人员嘉奖、记功，一般分别不超过工作人员总数的 20%、2%，事业单位整体表现突出的，其工作人员嘉奖比例一般不超过 25%。

定期奖励的比例（名额）应当向基层和艰苦边远地区事业单位倾斜，向一线工作人员倾斜。县（市、区、旗）级以下事业单位的奖励比例（名额）可以根据实际在本县（市、区、旗）范围内统筹使用。

第十二条 定期奖励工作一般按照下列程序进行：

（一）有关机关（部门）或者事业单位依据奖励权限制定奖励工作方案，明确奖励范围、条件、种类、比例（名额）、程序和纪律要求等，并予以公布。

（二）主管机关（部门）或者事业单位提出奖励建议名单，逐级上报。

（三）奖励决定单位审批。根据需要组织评选或者听取业内专家、服务对象等有关方面意见；对拟奖励名单，应当听取纪检监察机关的意见，涉及领导人员的，应当按照干部管理权限事先征得组织人事部门同意。

（四）在奖励决定单位管辖范围内对拟奖励名单进行公示，公示期不少于 5 个工作日。因涉及国家秘密不宜公开的，可以不予公示。

（五）作出奖励决定并予以公布。因涉及国家秘密不宜公开的，可以不向社会公布。

第五章　及时奖励

第十三条 对在应对重大突发事件、完成重大专项工作等方面，作出显著成绩和贡献的事业单位工作人员和集体，应当及时给予奖励。

第十四条 加大及时奖励力度，及时奖励的比例（名额）由奖励决定单位依据奖励权限，结合实际确定。

第十五条 及时奖励一般由主管机关（部门）或者事业单位制定奖励方案，提出拟奖励名单，参照本规定第十二条相关程序，依据奖励权限作出奖励决定。

及时奖励情况可以作为定期奖励的重要参考。

第六章 奖励的实施

第十六条 对获得嘉奖、记功、记大功的事业单位工作人员和集体，由奖励决定单位颁发奖励证书；获得记功、记大功的，同时对个人颁发奖章，对集体颁发奖牌。

奖励证书、奖章和奖牌，按照中央事业单位人事综合管理部门规定的式样、规格、质地，由省（自治区、直辖市）级以上事业单位人事综合管理部门统一制作或者监制。奖励相关审批材料分别存入本人干部人事档案、单位文书档案。

第十七条 对获得嘉奖、记功、记大功的事业单位工作人员给予一次性奖金。

获奖人员所在地区或者单位经批准可以追加其他物质奖励。

经批准的奖励所需经费，通过相关单位现有经费渠道解决，不计入工作人员所在单位绩效工资总额。

第十八条 对事业单位工作人员集体进行奖励的，可以同时对该集体中作出突出贡献的个人进行奖励。对符合奖励条件的已故人员，可以追授奖励。

第十九条 对获得奖励的事业单位工作人员和集体，可以结合实际以内部通报表扬、评优评先等形式进行褒奖,并在工作上、生活上给予关心关怀,激励其珍惜和保持荣誉,发挥先进典型示范引领作用。

第七章　奖励的监督

第二十条　有下列情形之一的,不得给予奖励;已经作出奖励决定的,由奖励决定单位按程序撤销奖励,并注销和收回获奖个人或者集体的奖励证书、奖章、奖牌,撤销其获得的待遇,追缴所获奖金等物质奖励。

(一)政治品质、廉洁自律存在问题,或者道德品行、遵规守纪等方面存在问题、造成严重不良影响的;

(二)申报奖励时隐瞒严重错误或者弄虚作假骗取奖励的;

(三)严重违反规定的奖励权限或者程序的;

(四)法律法规规定应当撤销奖励的。

撤销奖励的,应当予以公布。因涉及国家秘密不宜公开的,可以不向社会公布。相关材料分别存入本人干部人事档案、单位文书档案。

第二十一条　县(市、区、旗)级以上事业单位人事综合管理部门、事业单位或者主管机关(部门)应当及时受理对奖励工作的投诉、举报,并按照国家有关规定调查处理。

事业单位工作人员和集体对撤销奖励决定不服的,可以申请复核、提出申诉。

第二十二条　奖励工作应当严格遵守政治纪律和政治规矩、组织人事纪律、工作纪律、财经纪律、廉洁纪律,保守国家秘密和工作秘密。有下列情形之一的,县(市、区、旗)级以上事业单位人事综合管理部门或者主管机关(部门)应当责令限期改正；逾期不改正或者构成违纪的，按照有关规定给予组织处理或者纪律处分；涉嫌违法犯罪的，按照国家有关法律规定处理。

（一）不按照规定的奖励范围、条件、种类、权限、比例（名额）、程序等开展奖励的；

（二）徇私舞弊、弄虚作假的；

（三）泄露国家秘密，或者泄露工作秘密造成不良后果的；

（四）因奖励工作失误导致奖励结果显失公平，造成不良后果的；

（五）按照有关规定应当回避而没有回避的；

（六）有其他违反本规定行为的。

第八章　附　　则

第二十三条　机关工勤人员、机关工勤人员集体的奖励，参照本规定执行。

第二十四条　省、自治区、直辖市事业单位人事综合管理部门可以依据本规定，结合实际制定实施细则。

第二十五条　本规定由中共中央组织部、人力资源社会保障部负责解释。

第二十六条　本规定自发布之日起施行。

事业单位工作人员处分暂行规定

(2012年8月22日人力资源社会保障部、监察部公布
人力资源社会保障部、监察部令第18号)

第一章 总 则

第一条 为严肃事业单位纪律,规范事业单位工作人员行为,保证事业单位及其工作人员依法履行职责,制定本规定。

第二条 事业单位工作人员违法违纪,应当承担纪律责任的,依照本规定给予处分。

对法律、法规授权的具有公共事务管理职能的事业单位中经批准参照《中华人民共和国公务员法》管理的工作人员给予处分,参照《行政机关公务员处分条例》的有关规定办理。

对行政机关任命的事业单位工作人员,法律、法规授权的具有公共事务管理职能的事业单位中不参照《中华人民共和国公务员法》管理的工作人员,国家行政机关依法委托从事公共事务管理活动的事业单位工作人员给予处分,适用本规定;但监察机关对上述人员违法违纪行为进行调查处理的程序和作出处分决定的权限,以及作为监察对象的事业单位工作人员对处分决定不服向监察机关提出申诉的,依照《中华人民共和国行政监察法》及其实施条例办理。

第三条 给予事业单位工作人员处分,应当坚持公正、公

平和教育与惩处相结合的原则。

给予事业单位工作人员处分,应当与其违法违纪行为的性质、情节、危害程度相适应。

给予事业单位工作人员处分,应当事实清楚、证据确凿、定性准确、处理恰当、程序合法、手续完备。

第四条 事业单位工作人员涉嫌犯罪的,应当移送司法机关依法追究刑事责任。

第二章 处分的种类和适用

第五条 处分的种类为:

(一)警告;

(二)记过;

(三)降低岗位等级或者撤职;

(四)开除。

其中,撤职处分适用于行政机关任命的事业单位工作人员。

第六条 受处分的期间为:

(一)警告,6个月;

(二)记过,12个月;

(三)降低岗位等级或者撤职,24个月。

第七条 事业单位工作人员受到警告处分的,在受处分期间,不得聘用到高于现聘岗位等级的岗位;在作出处分决定的当年,年度考核不能确定为优秀等次。

事业单位工作人员受到记过处分的,在受处分期间,不得聘用到高于现聘岗位等级的岗位,年度考核不得确定为合格及以上等次。

事业单位工作人员受到降低岗位等级处分的,自处分决定生效之日起降低一个以上岗位等级聘用,按照事业单位收入分配有关规定确定其工资待遇;在受处分期间,不得聘用到高于受处分后所聘岗位等级的岗位,年度考核不得确定为基本合格及以上等次。

行政机关任命的事业单位工作人员在受处分期间的任命、考核、工资待遇按照干部人事管理权限,参照本条第一款、第二款、第三款规定执行。

事业单位工作人员受到开除处分的,自处分决定生效之日起,终止其与事业单位的人事关系。

第八条　事业单位工作人员受到记过以上处分的,在受处分期间不得参加本专业(技术、技能)领域专业技术职务任职资格或者工勤技能人员技术等级考试(评审)。应当取消专业技术职务任职资格或者职业资格的,按照有关规定办理。

第九条　事业单位工作人员同时有两种以上需要给予处分的行为的,应当分别确定其处分。应当给予的处分种类不同的,执行其中最重的处分;应当给予开除以外多个相同种类处分的,执行该处分,但处分期应当按照一个处分期以上、两个处分期之和以下确定。

事业单位工作人员在受处分期间受到新的处分的,其处分期为原处分期尚未执行的期限与新处分期限之和,但是最长不得超过48个月。

第十条　事业单位工作人员两人以上共同违法违纪,需要给予处分的,按照各自应当承担的责任,分别给予相应的处分。

第十一条　有下列情形之一的,应当从重处分:

(一)在两人以上的共同违法违纪行为中起主要作用的;

(二)隐匿、伪造、销毁证据的;

（三）串供或者阻止他人揭发检举、提供证据材料的；

（四）包庇同案人员的；

（五）法律、法规、规章规定的其他从重情节。

第十二条　有下列情形之一的，应当从轻处分：

（一）主动交代违法违纪行为的；

（二）主动采取措施，有效避免或者挽回损失的；

（三）检举他人重大违法违纪行为，情况属实的。

第十三条　事业单位工作人员主动交代违法违纪行为，并主动采取措施有效避免或者挽回损失的，应当减轻处分或者免予处分。

事业单位工作人员违法违纪行为情节轻微，经过批评教育后改正的，可以免予处分。

第十四条　事业单位工作人员有本规定第十一条、第十二条规定情形之一的，应当在本规定第三章规定的处分幅度以内从重或者从轻给予处分。

事业单位工作人员有本规定第十三条第一款规定情形的，应当在本规定第三章规定的处分幅度以外，减轻一个处分的档次给予处分。应当给予警告处分，又有减轻处分的情形的，免予处分。

第十五条　事业单位有违法违纪行为，应当追究纪律责任的，依法对负有责任的领导人员和直接责任人员给予处分。

第三章　违法违纪行为及其适用的处分

第十六条　有下列行为之一的，给予记过处分；情节较重的，给予降低岗位等级或者撤职处分；情节严重的，给予开除处分：

（一）散布损害国家声誉的言论，组织或者参加旨在损害国家利益的集会、游行、示威等活动的；

（二）组织或者参加非法组织的；

（三）接受境外资助从事损害国家利益或者危害国家安全活动的；

（四）接受损害国家荣誉和利益的境外邀请、奖励，经批评教育拒不改正的；

（五）违反国家民族宗教法规和政策，造成不良后果的；

（六）非法出境、未经批准获取境外永久居留资格或者取得外国国籍的；

（七）携带含有依法禁止内容的书刊、音像制品、电子读物进入国（境）内的；

（八）其他违反政治纪律的行为。

有前款第（一）项至第（三）项规定的行为，但属于不明真相被裹挟参加、经批评教育后确有悔改表现的，可以减轻或者免予处分。

第十七条 有下列行为之一的，给予警告或者记过处分；情节较重的，给予降低岗位等级或者撤职处分；情节严重的，给予开除处分：

（一）在执行国家重要任务、应对公共突发事件中，不服从指挥、调遣或者消极对抗的；

（二）破坏正常工作秩序，给国家或者公共利益造成损失的；

（三）违章指挥、违规操作，致使人民生命财产遭受损失的；

（四）发生重大事故、灾害、事件，擅离职守或者不按规定

报告、不采取措施处置或者处置不力的;

(五)在项目评估评审、产品认证、设备检测检验等工作中徇私舞弊,或者违反规定造成不良影响的;

(六)泄露国家秘密的;

(七)泄露因工作掌握的内幕信息,造成不良后果的;

(八)采取不正当手段为本人或者他人谋取岗位,或者在事业单位公开招聘等人事管理工作中有其他违反组织人事纪律行为的;

(九)其他违反工作纪律失职渎职的行为。

有前款第(六)项规定行为的,给予记过以上处分。

第十八条 有下列行为之一的,给予警告或者记过处分;情节较重的,给予降低岗位等级或者撤职处分;情节严重的,给予开除处分:

(一)贪污、索贿、受贿、行贿、介绍贿赂、挪用公款的;

(二)利用工作之便为本人或者他人谋取不正当利益的;

(三)在公务活动或者工作中接受礼金、各种有价证券、支付凭证的;

(四)利用知悉或者掌握的内幕信息谋取利益的;

(五)用公款旅游或者变相用公款旅游的;

(六)违反国家规定,从事、参与营利性活动或者兼任职务领取报酬的;

(七)其他违反廉洁从业纪律的行为。

有前款第(一)项规定行为的,给予记过以上处分。

第十九条 有下列行为之一的,给予警告或者记过处分;情节较重的,给予降低岗位等级或者撤职处分;情节严重的,给予开除处分:

（一）违反国家财政收入上缴有关规定的；

（二）违反规定使用、骗取财政资金或者社会保险基金的；

（三）擅自设定收费项目或者擅自改变收费项目的范围、标准和对象的；

（四）挥霍、浪费国家资财或者造成国有资产流失的；

（五）违反国有资产管理规定，擅自占有、使用、处置国有资产的；

（六）在招标投标和物资采购工作中违反有关规定，造成不良影响或者损失的；

（七）其他违反财经纪律的行为。

第二十条 有下列行为之一的，给予警告或者记过处分；情节较重的，给予降低岗位等级或者撤职处分；情节严重的，给予开除处分：

（一）利用专业技术或者技能实施违法违纪行为的；

（二）有抄袭、剽窃、侵吞他人学术成果，伪造、篡改数据文献，或者捏造事实等学术不端行为的；

（三）利用职业身份进行利诱、威胁或者误导，损害他人合法权益的；

（四）利用权威、地位或者掌控的资源，压制不同观点，限制学术自由，造成重大损失或者不良影响的；

（五）在申报岗位、项目、荣誉等过程中弄虚作假的；

（六）工作态度恶劣，造成不良社会影响的；

（七）其他严重违反职业道德的行为。

有前款第（一）项规定行为的，给予记过以上处分。

第二十一条 有下列行为之一的，给予警告或者记过处分；情节较重的，给予降低岗位等级或者撤职处分；情节严重的，给予开除处分：

（一）制造、传播违法违禁物品及信息的；

（二）组织、参与卖淫、嫖娼等色情活动的；

（三）吸食毒品或者组织、参与赌博活动的；

（四）违反规定超计划生育的；

（五）包养情人的；

（六）有虐待、遗弃家庭成员，或者拒不承担赡养、抚养、扶养义务等的；

（七）其他严重违反公共秩序、社会公德的行为。

有前款第（二）项、第（三）项、第（四）项、第（五）项规定行为的，给予降低岗位等级或者撤职以上处分。

第二十二条　事业单位工作人员被依法判处刑罚的，给予降低岗位等级或者撤职以上处分。其中，被依法判处有期徒刑以上刑罚的，给予开除处分。

行政机关任命的事业单位工作人员，被依法判处刑罚的，给予开除处分。

第四章　处分的权限和程序

第二十三条　对事业单位工作人员的处分，按照以下权限决定：

（一）警告、记过、降低岗位等级或者撤职处分，按照干部人事管理权限，由事业单位或者事业单位主管部门决定。其中，由事业单位决定的，应当报事业单位主管部门备案。

（二）开除处分由事业单位主管部门决定，并报同级事业单位人事综合管理部门备案。

对中央和地方直属事业单位工作人员的处分，按照干部人事管理权限,由本单位或者有关部门决定;其中,由本单位作出开除处分决定的,报同级事业单位人事综合管理部门备案。

第二十四条 对事业单位工作人员的处分,按照以下程序办理:

(一)对事业单位工作人员违法违纪行为初步调查后,需要进一步查证的,应当按照干部人事管理权限,经事业单位负责人批准或者有关部门同意后立案。

(二)对被调查的事业单位工作人员的违法违纪行为作进一步调查,收集、查证有关证据材料,并形成书面调查报告。

(三)将调查认定的事实及拟给予处分的依据告知被调查的事业单位工作人员,听取其陈述和申辩,并对其所提出的事实、理由和证据进行复核,记录在案。被调查的事业单位工作人员提出的事实、理由和证据成立的,应予采信。

(四)按照处分决定权限,作出对该事业单位工作人员给予处分、免予处分或者撤销案件的决定。

(五)处分决定单位印发处分决定。

(六)将处分决定以书面形式通知受处分事业单位工作人员本人和有关单位,并在一定范围内宣布。

(七)将处分决定存入受处分事业单位工作人员的档案。

处分决定自作出之日起生效。

第二十五条 事业单位工作人员涉嫌违法违纪,已经被立案调查,不宜继续履行职责的,可以按照干部人事管理权限,由事业单位或者有关部门暂停其职责。

被调查的事业单位工作人员在违法违纪案件立案调查期间,不得解除聘用合同、出国(境)或者办理退休手续。

第二十六条 对事业单位工作人员违法违纪案件进行调查,

应当由两名以上办案人员进行；接受调查的单位和个人应当如实提供情况。

以暴力、威胁、引诱、欺骗等非法方式收集的证据不得作为定案的根据。

第二十七条 参与事业单位工作人员违法违纪案件调查、处理的人员有下列情形之一的，应当提出回避申请；被调查的事业单位工作人员以及与案件有利害关系的公民、法人或者其他组织有权要求其回避：

（一）与被调查的事业单位工作人员有夫妻关系、直系血亲、三代以内旁系血亲关系或者近姻亲关系的；

（二）与被调查的案件有利害关系的；

（三）与被调查的事业单位工作人员有其他关系，可能影响案件公正处理的。

第二十八条 处分决定单位负责人的回避，按照干部人事管理权限决定；其他参与违法违纪案件调查、处理的人员的回避，由处分决定单位负责人决定。

处分决定单位发现参与违法违纪案件调查、处理的人员有应当回避情形的，可以直接决定该人员回避。

第二十九条 给予事业单位工作人员处分，应当自批准立案之日起6个月内作出决定；案情复杂或者遇有其他特殊情形的可以延长，但是办案期限最长不得超过12个月。

第三十条 处分决定应当包括下列内容：

（一）受处分事业单位工作人员的姓名、工作单位、原所聘岗位（所任职务）名称及等级等基本情况；

（二）经查证的违法违纪事实；

（三）处分的种类、受处分的期间和依据；

（四）不服处分决定的申诉途径和期限；

（五）处分决定单位的名称、印章和作出决定的日期。

第三十一条　事业单位工作人员受到开除处分后，事业单位应当及时办理档案和社会保险关系转移手续，具体办法按照有关规定执行。

第五章　处分的解除

第三十二条　事业单位工作人员受开除以外的处分，在受处分期间有悔改表现，并且没有再出现违法违纪情形的，处分期满，经原处分决定单位批准后解除处分。

事业单位工作人员在受处分期间终止或解除聘用合同的，处分期满后，自然解除处分。受处分事业单位工作人员要求原处分决定单位提供解除处分相关证明的，原处分决定单位应当予以提供。

第三十三条　事业单位工作人员在受处分期间有重大立功表现，按照有关规定给予个人记功以上奖励的，经批准后可以提前解除处分。

第三十四条　事业单位工作人员处分的解除或者提前解除，按照以下程序办理：

（一）按照干部人事管理权限，事业单位或者有关部门对受处分事业单位工作人员在受处分期间的表现情况，进行全面了解，并形成书面报告；

（二）按照处分决定权限，作出解除或者提前解除处分的决定；

（三）印发解除或者提前解除处分的决定；

（四）将解除或者提前解除处分的决定以书面形式通知本

人，并在原宣布处分的范围内宣布；

（五）将解除或者提前解除处分的决定存入该工作人员的档案。

解除处分决定自作出之日起生效。

第三十五条 事业单位工作人员处分的解除或者提前解除按照本规定第二十七条、第二十八条的规定执行回避。

第三十六条 解除或者提前解除处分的决定应当包括原处分的种类和解除或者提前解除处分的依据，以及该工作人员在受处分期间的表现情况等内容。

第三十七条 处分解除后，考核、竞聘上岗和晋升工资按照国家有关规定执行，不再受原处分的影响。但是，受到降低岗位等级或者撤职处分的，不视为恢复受处分前的岗位等级和工资待遇。

第三十八条 解除处分的决定应当在处分期满后1个月内作出。

第六章 复核和申诉

第三十九条 受到处分的事业单位工作人员对处分决定不服的，可以自知道或者应当知道该处分决定之日起30日内向原处分决定单位申请复核。对复核结果不服的，可以自接到复核决定之日起30日内，按照规定向原处分决定单位的主管部门或者同级事业单位人事综合管理部门提出申诉。

受到处分的中央和地方直属事业单位工作人员的申诉，按照干部人事管理权限，由同级事业单位人事综合管理部门受理。

第四十条 原处分决定单位应当自接到复核申请后的30日内作出复核决定。受理申诉的单位应当自受理之日起60日内作出处理决定；案情复杂的，可以适当延长，但是延长期限最多不超过30日。

复核、申诉期间不停止处分的执行。

事业单位工作人员不因提出复核、申诉而被加重处分。

第四十一条 有下列情形之一的，受理处分复核、申诉的单位应当撤销处分决定，重新作出决定或者责令原处分决定单位重新作出决定：

（一）处分所依据的事实不清、证据不足的；

（二）违反规定程序，影响案件公正处理的；

（三）超越职权或者滥用职权作出处分决定的。

第四十二条 有下列情形之一的，受理复核、申诉的单位应当变更处分决定或者责令原处分决定单位变更处分决定：

（一）适用法律、法规、规章错误的；

（二）对违法违纪行为的情节认定有误的；

（三）处分不当的。

第四十三条 事业单位工作人员的处分决定被变更，需要调整该工作人员的岗位等级或者工资待遇的，应当按照规定予以调整；事业单位工作人员的处分决定被撤销的，应当恢复该工作人员的岗位等级、工资待遇，按照原岗位等级安排相应的岗位，并在适当范围内为其恢复名誉。

被撤销处分或者被减轻处分的事业单位工作人员工资待遇受到损失的，应当予以补偿。

第七章 附 则

第四十四条 已经退休的事业单位工作人员有违法违纪行为应当受到处分的，不再作出处分决定。但是，应当给予降低岗位等级或者撤职以上处分的，相应降低或者取消其享受的待遇。

第四十五条 对事业单位工作人员处分工作中有滥用职权、玩忽职守、徇私舞弊、收受贿赂等违法违纪行为的工作人员，按照有关规定给予处分；涉嫌犯罪的，移送司法机关依法追究刑事责任。

第四十六条 对机关工勤人员给予处分，参照本规定执行。

第四十七条 教育、医疗卫生、科技、体育等部门，可以依据本规定，结合自身工作的实际情况，与国务院人力资源社会保障部门和国务院监察机关联合制定具体办法。

第四十八条 本规定自2012年9月1日起施行。

事业单位公开招聘违纪违规行为处理规定

(2017年9月25日人力资源社会保障部第135次部务会审议通过 2017年10月9日人力资源社会保障部公布 人力资源社会保障部令第35号)

第一章 总 则

第一条 为加强事业单位公开招聘工作管理,规范公开招聘违纪违规行为的认定与处理,保证招聘工作公开、公平、公正,根据《事业单位人事管理条例》等有关规定,制定本规定。

第二条 事业单位公开招聘中违纪违规行为的认定与处理,适用本规定。

第三条 认定与处理公开招聘违纪违规行为,应当事实清楚、证据确凿、程序规范、适用规定准确。

第四条 中央事业单位人事综合管理部门负责全国事业单位公开招聘工作的综合管理与监督。

各级事业单位人事综合管理部门、事业单位主管部门、招聘单位按照事业单位公开招聘管理权限,依据本规定对公开招聘违纪违规行为进行认定与处理。

第二章 应聘人员违纪违规行为处理

第五条 应聘人员在报名过程中有下列违纪违规行为之一的,取消其本次应聘资格:

（一）伪造、涂改证件、证明等报名材料，或者以其他不正当手段获取应聘资格的；

（二）提供的涉及报考资格的申请材料或者信息不实，且影响报名审核结果的；

（三）其他应当取消其本次应聘资格的违纪违规行为。

第六条 应聘人员在考试过程中有下列违纪违规行为之一的，给予其当次该科目考试成绩无效的处理：

（一）携带规定以外的物品进入考场且未按要求放在指定位置，经提醒仍不改正的；

（二）未在规定座位参加考试，或者未经考试工作人员允许擅自离开座位或者考场，经提醒仍不改正的；

（三）经提醒仍不按规定填写、填涂本人信息的；

（四）在试卷、答题纸、答题卡规定以外位置标注本人信息或者其他特殊标记的；

（五）在考试开始信号发出前答题，或者在考试结束信号发出后继续答题，经提醒仍不停止的；

（六）将试卷、答题卡、答题纸带出考场，或者故意损坏试卷、答题卡、答题纸及考试相关设施设备的；

（七）其他应当给予当次该科目考试成绩无效处理的违纪违规行为。

第七条 应聘人员在考试过程中有下列严重违纪违规行为之一的，给予其当次全部科目考试成绩无效的处理，并将其违纪违规行为记入事业单位公开招聘应聘人员诚信档案库，记录期限为5年：

（一）抄袭、协助他人抄袭的；

（二）互相传递试卷、答题纸、答题卡、草稿纸等的；

（三）持伪造证件参加考试的；

（四）使用禁止带入考场的通信工具、规定以外的电子用品的；

（五）本人离开考场后，在本场考试结束前，传播考试试题及答案的；

（六）其他应当给予当次全部科目考试成绩无效处理并记入事业单位公开招聘应聘人员诚信档案库的严重违纪违规行为。

第八条 应聘人员有下列特别严重违纪违规行为之一的，给予其当次全部科目考试成绩无效的处理，并将其违纪违规行为记入事业单位公开招聘应聘人员诚信档案库，长期记录：

（一）串通作弊或者参与有组织作弊的；

（二）代替他人或者让他人代替自己参加考试的；

（三）其他应当给予当次全部科目考试成绩无效处理并记入事业单位公开招聘应聘人员诚信档案库的特别严重的违纪违规行为。

第九条 应聘人员应当自觉维护招聘工作秩序，服从工作人员管理，有下列行为之一的，终止其继续参加考试，并责令离开现场；情节严重的，按照本规定第七条、第八条的规定处理；违反《中华人民共和国治安管理处罚法》的，交由公安机关依法处理；构成犯罪的，依法追究刑事责任：

（一）故意扰乱考点、考场以及其他招聘工作场所秩序的；

（二）拒绝、妨碍工作人员履行管理职责的；

（三）威胁、侮辱、诽谤、诬陷工作人员或者其他应聘人员的；

（四）其他扰乱招聘工作秩序的违纪违规行为。

第十条 在阅卷过程中发现应聘人员之间同一科目作答内容雷同，并经阅卷专家组确认的，给予其当次该科目考试成绩无效的处理。作答内容雷同的具体认定方法和标准，由中央事业单位人事综合管理部门确定。

应聘人员之间同一科目作答内容雷同,并有其他相关证据证明其违纪违规行为成立的,视具体情形按照本规定第七条、第八条处理。

第十一条 应聘人员在体检过程中弄虚作假或者隐瞒影响聘用的疾病、病史的,给予其不予聘用的处理。有请他人顶替体检以及交换、替换化验样本等严重违纪违规行为的,给予其不予聘用的处理,并将其违纪违规行为记入事业单位公开招聘应聘人员诚信档案库,记录期限为五年。

第十二条 应聘人员在考察过程中提供虚假材料、隐瞒事实真相或者有其他妨碍考察工作的行为,干扰、影响考察单位客观公正作出考察结论的,给予其不予聘用的处理;情节严重、影响恶劣的,将其违纪违规行为记入事业单位公开招聘应聘人员诚信档案库,记录期限为五年。

第十三条 应聘人员聘用后被查明有本规定所列违纪违规行为的,由招聘单位与其解除聘用合同、予以清退,其中符合第七条、第八条、第十一条、第十二条违纪违规行为的,记入事业单位公开招聘应聘人员诚信档案库。

第十四条 事业单位公开招聘应聘人员诚信档案库由中央事业单位人事综合管理部门统一建立,纳入全国信用信息共享平台,向招聘单位及社会提供查询,相关记录作为事业单位聘用人员的重要参考,管理办法另行制定。

第三章 招聘单位和招聘工作人员违纪违规行为处理

第十五条 招聘单位在公开招聘中有下列行为之一的,事业单位主管部门或者事业单位人事综合管理部门应当责令限期改正;逾期不改正的,对直接负责的主管人员和其他直接责任人员依法给予处分：

（一）未按规定权限和程序核准（备案）招聘方案，擅自组织公开招聘的；

（二）设置与岗位无关的指向性或者限制性条件的；

（三）未按规定发布招聘公告的；

（四）招聘公告发布后，擅自变更招聘程序、岗位条件、招聘人数、考试考察方式等的；

（五）未按招聘条件进行资格审查的；

（六）未按规定组织体检的；

（七）未按规定公示拟聘用人员名单的；

（八）其他应当责令改正的违纪违规行为。

第十六条　招聘工作人员有下列行为之一的，由相关部门给予处分，并停止其继续参加当年及下一年度招聘工作：

（一）擅自提前考试开始时间、推迟考试结束时间及缩短考试时间的；

（二）擅自为应聘人员调换考场或者座位的；

（三）未准确记录考场情况及违纪违规行为，并造成一定影响的；

（四）未执行回避制度的；

（五）其他一般违纪违规行为。

第十七条　招聘工作人员有下列行为之一的，由相关部门给予处分，并将其调离招聘工作岗位，不得再从事招聘工作；构成犯罪的，依法追究刑事责任：

（一）指使、纵容他人作弊，或者在考试、考察、体检过程中参与作弊的；

（二）在保密期限内，泄露考试试题、面试评分要素等应当保密的信息的；

（三）擅自更改考试评分标准或者不按评分标准进行评卷的；

（四）监管不严，导致考场出现大面积作弊现象的；

（五）玩忽职守，造成不良影响的；

（六）其他严重违纪违规行为。

第四章 处 理 程 序

第十八条 应聘人员的违纪违规行为被当场发现的，招聘工作人员应当予以制止。对于被认定为违纪违规的，要收集、保存相应证据材料，如实记录违纪违规事实和现场处理情况，当场告知应聘人员记录内容，并要求本人签字；对于拒绝签字或者恶意损坏证据材料的，由两名招聘工作人员如实记录其拒签或者恶意损坏证据材料的情况。违纪违规记录经考点负责人签字认定后，报送组织实施公开招聘的部门。

第十九条 对应聘人员违纪违规行为作出处理决定前，应当告知应聘人员拟作出的处理决定及相关事实、理由和依据，并告知应聘人员依法享有陈述和申辩的权利。作出处理决定的部门对应聘人员提出的事实、理由和证据，应当进行复核。

对应聘人员违纪违规行为作出处理决定的，应当制作公开招聘违纪违规行为处理决定书，依法送达被处理的应聘人员。

第二十条 应聘人员对处理决定不服的，可以依法申请行政复议或者提起行政诉讼。

第二十一条 参与公开招聘的工作人员对因违纪违规行为受到处分不服的，可以依法申请复核或者提出申诉。

第五章 附　　　则

第二十二条 本规定自2018年1月1日起施行。